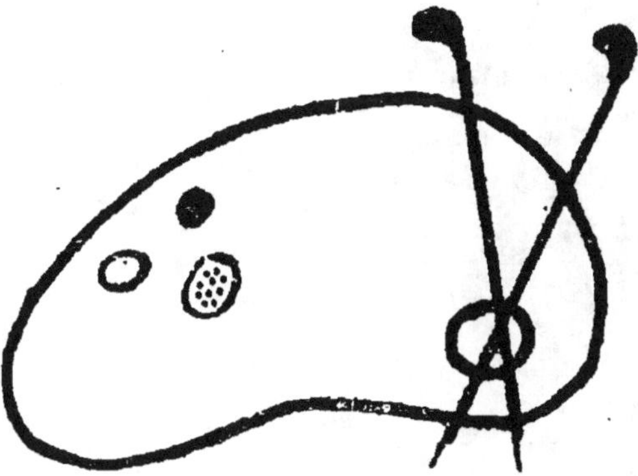

Couvertures supérieure et inférieure
en couleur

(Par M⁰. Gin, conseiller au grand Conseil,
d'après une note de M⁰. de Morvan, historiographe
de France.)

NOUVELLE LETTRE

D'UN PATRIOTE

A UN MAGISTRAT,

Sur les questions agitées à l'occasion de la prochaine tenue des Etats-Généraux, servant de supplément au Livre intitulé des vrais Principes du Gouvernement. Paris, 2 vol. in-12. chez ROYEZ, *Libraire, Quai des Augustins.*

Par M. Guin *Cons.er au Grand Conseil.*

1788.

NOUVELLE LETTRE

D'UN PATRIOTE

A UN MAGISTRAT,

Sur les questions agitées à l'occasion de la prochaine tenue des États-Généraux, servant de supplément au Livre intitulé des vrais Principes du Gouvernement. Paris, 2 vol. in-12. chez ROYEZ, *Libraire, Quai des Augustins.*

Vous exigez, Monsieur, que je vous développe mon opinion, sur cette multitude d'écrits, dont nous sommes inondés, depuis que le Roi a promis d'assembler les États-Généraux du Royaume & de rétablir la Nation dans tous ses droits.

Cette discussion exigera que je me livre à l'examen de prétentions souvent combattues, toujours renaiss

A

fautes, & que je remonte, pour le faire avec mé-
thode, aux principes fondamentaux de notre constitution, que nos Écrivains modernes affectent de
méconnoître, pour en forger une conforme à leurs
intérêts, ou à leurs systèmes.

Je ne peux vous expliquer ma pensée avec plus
d'énergie, que par une comparaison dont l'applica-
tion sera tout le sujet de cette Lettre.

Il me semble, en lisant la plupart de ces écrits,
voir une troupe de Sauvages, à qui l'on montre une
superbe pendule à secondes. Ils en admirent la
structure, le mouvement, la vie ; mais à quoi sert,
disent-ils, cette énorme lentille, suspendue à une
longue verge de métal, qui ne tient à la machine
que par un point, & ne semble destinée qu'à se pro-
mener sans cesse d'un côté à l'autre ? Si c'est un
premier mobile qui imprime le mouvement à ce chef-
d'œuvre de l'art, il le ralentit en même tems. Ne
pourroit-on pas l'alléger ? L'action de chaque partie
seroit plus libre, plus rapide. Ils disent ; & rempla-
cent la lourde lentille par une surface creuse. A l'instant, l'équilibre est rompu ; quelques roues s'arrêtent ;
d'autres se meuvent avec une vîtesse prodigieuse, se
heurtent, s'engrainent ; la superbe machine, jusqu'a-
lors plus uniforme dans ses mouvements que l'astre
qui nous éclaire, n'est plus qu'une masse immobile.

PRINCIPES GÉNÉRAUX.

Cette comparaison est d'autant plus juste, que, dans tout Gouvernement, le Souverain est ce balancier qui dirige les intérêts & les passions des hommes vers le centre commun de l'intérêt public.

Dans la Monarchie UN SEUL COMMANDE; le nom même l'indique : *Rex à regendo* : la supériorité de ce Gouvernement sur les autres consiste en ce que le premier mobile, le modérateur universel, détaché par sa supériorité de tout intérêt privé, n'est susceptible, par lui-même, d'aucune autre ambition que de se concilier l'amour des Peuples soumis à son Empire.

A Dieu ne plaise que je dissimule les effets des passions de ceux qui l'environnent, des coopérateurs qu'il est forcé d'employer, qui le distraient trop souvent de cet intérêt réel, le seul qui puisse assurer sa félicité & sa gloire !

Détestables flateurs, présent le plus funeste
Que puisse faire aux Rois la colere céleste !

Ainsi s'exprimoit, sous le Monarque le plus jaloux de son autorité, ce même Racine qui mourut victime de la crainte d'une disgrace non méritée.

Quel sera le remede à ces maux ?

La nature ayant gravé, dans l'homme, le besoin de la société, pour lui procurer, par la réunion avec des semblables, les avantages qu'il ne pourroit espérer d'une liberté indéfinie, exposée aux insultes de tous, ce principe : *le salut de l'Etat est la suprême loi*, est la base de tous les Gouvernemens, de tous les Empires, de toutes les Sociétés.

De-là, deux sortes de *liberté*, pour parler le langage de M. de Montesquieu, (a) *la liberté politique*, qui consiste dans le droit de se donner des loix à soi-même ; & *la liberté de l'individu*, ou le droit de faire tout ce qui n'est pas défendu par les loix ; tellement distinctes, que, suivant l'Auteur de l'Esprit des Loix, *la constitution peut être libre, tandis que le Citoyen ne le sera point, & que le Citoyen peut être libre & la constitution ne l'être pas.*

Cette *liberté politique* est-elle tellement le plus grand avantage de la Société, que, dans un Etat composé de plusieurs millions d'hommes, la puissance législative réside essentiellement dans le corps de la Nation ?

C'est cette proposition, qu'on suppose démontrée plutôt qu'on ne la prouve, qui ébranle aujourd'hui des maximes regardées comme certaines depuis plusieurs siecles.

La volonté générale est toujours droite, nous dit le Philosophe de Geneve, *quand elle statue sur un objet général.* Contrat social, l. 2. ch. 6.

Je ne conteste pas cette proposition, renfermée dans les termes dans lesquels elle est conçue ; car la généralité de l'objet, écartant tous les intérêts par-

____

(a) Esprit des Loix. L. 11 ch. 3 & 4.

ticuliers , il eſt néceſſaire que toutes les volontés ſe ... niſſent vers le plus grand bien de tous , par cette raiſon que l'amour de nous-mêmes , le déſir de notre bien-être eſt inſéparable de notre exiſtence.

Mais que ſignifie cet axiome ainſi conçu ?

Que ſi vous interrogez chaque individu des 24 millions d'hommes dont la France eſt compoſée , que vous lui demandiez :

Si le Citoyen , dans tout état , doit jouir de la plus grande liberté poſſible , ſans nuire à autrui ?

Si la Juſtice doit être adminiſtrée avec impartialité ?

Si l'étendue des contributions aux dépenſes communes de la Société , doit être proportionnée au béſoin ? Si ces contributions doivent être réparties avec égalité ?

Tous répondront qu'il en doit être ainſi.

De-là , ces Loix puiſées dans la nature, que le Souverain le plus abſolu eſt dans l'heureuſe impuiſſance de changer , ſous peine de ſe trouver ſeul contre tous.

De-là auſſi ces Loix fondamentales , conſtitutives de l'autorité confiée au Souverain , non pour lui-même , mais pour le bien général : Loix qui , malgré les trois dinaſties de nos Roix appellés au trône par la Nation , (car elle ſeule a le droit de diſpoſer de la ſucceſſion à la Couronne) ne réſultent parmi nous d'aucune convention ; non pas même,

ſi vous remontez aux Germains nos ancêtres : (*a*)
Reges ex nobilitate , Duces ex virtute ſumunt ; mais
affermies par la poſſeſſion , cette ſauve-garde de la
tranquillité publique , que nos Ecrivains modernes
invoquent , pour des prétentions ſans ceſſe renaiſ-
ſantes , toujours repouſſées par la raiſon , & par l'autorité.

Ce n'eſt donc pas de ces deux ordres de Loix
qu'il s'agit ; mais des Loix poſitives, néceſſaires pour
réprimer des abus qui s'oppoſent au bien général.
Or c'eſt ici que les intérêts particuliers revivent pour
diviſer la Nation, parce qu'il n'eſt aucun de ces abus
qui ne profite à des hommes puiſſants, & qu'ils
pèſent tous ſur le Peuple trop nombreux , trop inat-
tentif, trop facile à égarer pour prendre le parti le
plus convenable à ſes intérêts. C'eſt le beſoin de ces
Loix qui exige, dans tout Gouvernement , un centre
d'autorité , aſſez fort pour contenir & réprimer les
intérêts privés. Plus il ſera ſimple , détaché de toute
autre vue , plus le bonheur public ſera aſſuré.

Je m'en rapporte à vous-même, M. Rouſſeau.
(*b*) » On veut toujours ſon bien ; mais on ne
» le voit pas toujours ; jamais on ne corrompt le
» Peuple ; mais ſouvent on le trompe, & c'eſt alors
» qu'il paroît vouloir ſon mal... (*c*) Voilà ce qui
» força , de tout tems , les Peres des Nations de re-

____

(*a*) Tacite, *de Mor. Germ.*
(*b*) Ibid. ch. 3.
(*c*) Ch. 8.

» courir à l'intervention du Ciel , & d'honorer les
» Dieux de leur propre sagesse , afin que les Peu-
» ples, soumis aux Loix de l'Etat, comme à celles
» de la Nature, & reconnoissant le même pouvoir,
» dans la formation de l'homme, & dans celle de
» la cité, obéissent avec liberté & portassent docile-
» ment le joug de la félicité publique. »

Je m'en rapporte au plus zélé Défenseur du
système qu'on essaie de faire revivre, Monsieur l'Abbé
Mabli.

(*a*) » Pour rendre sa Nation libre , sans que la
» liberté pût dégénérer en Anarchie , pour établir
» un ordre fixe dans les Diettes, & faire agir le
» Sénat avec dignité, (Gustave Vaza) crut devoir se
» rendre plus puissant que ne l'avoient été les an-
» ciens Rois; *car si la premiere Magistrature de*
» *l'Etat n'est pas solidement affermie , n'attendez*
» *rien de celles qui lui seront surbordonnées.* »

En quoi, nous dit-on , un pareil Gouvernement
differe-t-il du despotisme de constitution ? Quelle
digue arrêtera les coopérateurs que le Monarque est
forcé d'employer , si des passions tumultueuses, une
ambition démesurée, la soif de l'or , ou le brillant
appas d'une fausse gloire, les déterminent à fasciner
les yeux du Monarque, jusqu'à l'engager à attenter,
contre son propre intérêt, à la liberté ou à la propriété de ses Sujets ?

____

(a) Observations sur l'Histoire de France, t. 2. l. 3.
ch. prem. p. 28.

A 4

C'eſt ainſi que, pour ſecouer le flambeau de la Diſcorde, on eſſaye d'allarmer les eſprits, ſous le regne du Monarque le plus ami de la Juſtice, par le tableau de tous les abus d'autorité depuis le regne de la Reine Brunehaut juſqu'à nos jours; qu'on oſé ériger en défenſeur de la liberté ce factieux Prévôt des Marchands, *Marcel*, qu'un généreux Citoyen aſſomma lorſqu'il ouvroir les portes de Paris aux Anglois; qu'on regrette de ne retrouver dans nos Faſtes que les ſeules Ordonnances du Roi Jean & de Charles-le-Sage ſon fils, qui appaiſerent les troubles qui s'étoient élevés pendant les deux tenues d'Etats de 1355 & de 1356.

Ecoutons ce que le Continuateur de l'Abbé Vély nous raconte de ces Etats de 1356, d'après les Hiſtoriens contemporains.

(a) « Il s'en falloit beaucoup que les Députés ap-
» portaſſent à cette Aſſemblée les diſpoſitions con-
» venables à la ſituation préſente. La France avoit
» beſoin d'un prompt ſecours; on parla d'abus &
» de réformation. Il falloit rétablir les finances; on
» ſe plaignit de ceux qui les avoient précédemment
» adminiſtrées. Il étoit néceſſaire de réunir les Ordres
» du Royaume, afin d'oppoſer de puiſſans efforts à
» un ennemi redoutable; & tous les Corps diviſés
» entre eux, ne ſe montrerent d'abord que peut
» faire éclater des murmures, ſuites ordinaires

(a) Regne du Roi Jean.

» des malheurs de l'Etat, qui semblent répandre
» sur ceux qui le composent un esprit de vertige qui
» les aveugle, & leur fait méconnoître leurs véri-
» tables intérêts ».

La proscription, la saisie des biens du Chancelier Pierre de la Forêt, du Premier Président du
Parlement, Simon de Buffy, de deux Présidens aux
Enquêtes, de deux Maîtres des Requêtes, & d'un
grand nombre d'Officiers du Roi, qualifiés alors de
traîtres à la Patrie, parce qu'ils s'opposoient à des
projets criminels, mais rétablis avec gloire quand
Charles V eut repris les rênes de l'Empire, sont
les suites de cette fermentation.

Dans ces temps malheureux, les Etats sont dissous,
& rappellés forcément par le Dauphin. Leur pre-
mière délibération a pour objet de s'autoriser eux-
mêmes à se dissoudre & à s'assembler à volonté. Ils
nomment trente-six Commissaires; ils leur confient
l'administration des finances. Le désordre prend des
accroissemens rapides. « Afin qu'il ne manquât rien
» à l'avilissement du pouvoir souverain, dit le Con-
» tinuateur de l'Abbé Vély, le Dauphin fut contraint
» de suspendre & en quelque sorte de dissoudre les
» deux Cours supérieures du Parlement & de la
» Chambre des Comptes........ Les Députés des
» Etats firent eux-mêmes l'Ordonnance du Parle-
» ment ; c'est-à-dire, qu'ils nommerent ceux qui
» devoient le composer, n'y admettant que des gens
» qui leur étoient dévoués ».

(10)

Deux ans après, en 1358 (*a*), le Prévôt des Marchands, Marcel, porte l'audace jusqu'à pénétrer à main armée, à la tête des factieux, dans la chambre du Dauphin, & massacrer, sous ses yeux, les Maréchaux de Clermont & de Conflans.

Le système de la seule volonté, nous dit-on encore, ne conduit-il pas au despotisme ?

Sans doute ; mais qui vous parle d'ériger toutes les volontés du Monarque en loix ?

Ce fut la prétention de ces Empereurs, devenus despotes par le combat de l'autorité absolue d'un seul, avec la forme républicaine conservée par Auguste, pour pallier son usurpation.

(*b*) « Le Peuple Romain (dit Justinien) ayant, » par la Loi royale, remis toute sa puissance entre » les mains d'Auguste, tout ce que l'Empereur or- » donne, soit qu'il énonce sa volonté par une lettre, » par un jugement, ou par un édit, a l'autorité de » la Loi ».

Tel est le caractère du despotisme de constitution, exposé à toutes les surprises de l'intérêt personnel.

En est-il ainsi parmi nous ?

(*a*) Abrégé chronologique du Président Hénaut.

(*b*) *Quodcumque Principi placuit, legis habet vigorem ; cum lege regiâ quæ de ejus imperio lata est, populus ei & in eum, omne imperium suum concedat. Quodcumque ergo Imperator constituit, vel cognoscens decrevit, vel edicto præcepit, legem esse constat. §. 6. Inst. de Jure nat. gent. & civ.*

« Vous n'avez pas juré (difoit au Parlement de Bordeaux ce même Chancelier de l'Hôpital, que, fur la foi de je ne fais quel Hiftorien, on accufe d'avoir rétracté, au lit de la mort, les principes pofés par lui-même dans l'Ordonnance de 1566, rendue fur le vœu des Etats-Généraux du Royaume, affemblés à Moulins) » vous n'avez pas juré garder » tous les commandemens du Roi ; mais feulement » les Ordonnances qui font fes vrais commande- » mens ».

Toute volonté du Monarque n'eft donc pas une Loi ; mais celles-là feules que, depuis l'introduction de l'utile formalité de l'enregiftrement & des remontrances, il a manifeftées à fes Cours dans les formes légales ; & la Loi ainfi formée a fa pleine exécution, jufqu'à ce qu'elle ait été révoquée, dans la même forme qu'elle a été établie.

Ce font ces fages précautions contre l'erreur & la furprife, que la Nation affemblée, dans les Etats-Généraux, a fouvent reclamées, fous le nom *d'enregiftremens libres.*

Mais qui mettra fin à ces difcuffions ? ce principe fondamental : *Le falut de l'Etat eft la fuprême Loi.*

Le Souverain, dans la Monarchie, fait taire tous les Intérêts particuliers, pour les concentrer dans le feul intérêt public, parce qu'il n'a lui-même aucun autre intérêt réel que le bonheur des Peuples foumis à fon Empire ; mais il eft expofé au préjugé, à l'erreur, à la surprise : de-là l'obligation qu'il impose aux Magistrats qu'il honore du titre de ses conseils, de lui exposer les inconvéniens qu'ils prévoient dans la Loi positive qu'il leur ordonne de promulguer, de les lui rappeller sans cesse, même après la publication, toutes les fois que l'expérience les leur fait découvrir ; mais celui-là seul est le Souverain qui a le droit de décider & d'être obéi.

A quel titre les Cours de Justice pourroient-elles prétendre une telle autorité ?

Les Magistrats qui les composent, réunissent, dit-on, deux caracteres, celui d'Officiers du Roi, pour rendre la justice à son Peuple, & celui de représentans de la Nation, participans à ce titre, à la puissance législative qui appartient essentiellement à la Nation.

Ainsi l'ont décidé les instructions données aux Députés aux Etats-Généraux assemblés à Blois en 1577, qui portent, que *les Cours de Parlement, combien qu'elles ne soient qu'une forme d'Etats racourcis au petit-pied, ont pouvoir de suspendre, modifier & refuser les Edits.*

Tel fut en des temps de trouble, au sein des fureurs de la Ligue, le vœu du parti dominant alors, de ce parti inspiré par l'intolérance religieuse, qui faisoit effort pour exclure du Trône de ses ancêtres le grand Henri.

Ce vœu fut-il exaucé par le Législateur ? n'a-t-il pas été désavoué au contraire par tous les titres antérieurs & postérieurs ?

(13)

L'Ordonnance de 1566, l'ouvrage du Chancelier de l'Hôpital, rendue sur le vœu des Etats assemblés cette année à Moulins, non moins réguliers, non moins authentiques, mais plus calmes que ceux de Blois de 1577, réduir les Cours au seul droit de remontrances, de très-humbles supplications.

Qu'est-ce qu'une Loi, à plus forte raison une Loi fondamentale ? Je n'employerai que la définition même que me fournissent les Défenseurs du système que je combats : (a) *C'est*, disent-ils, *le résultat du vœu du Peuple & de l'autorité royale.*

Or, feuilletez l'Ordonnance de Blois de 1579, intervenue sur le vœu de ces Etats de 1577, parcourez tous ses articles, qui sont la base de notre Jurisprudence dans les plus importantes matieres du Droit Public ; si vous n'y pouvez découvrir un seul article, une seule phrase, un seul mot qui favorise votre étrange système, il est donc évident que les instructions données sur ce point aux Députés assemblés à Blois, en 1577, ne sont point une Loi ; mais une vaine tentative, effet de l'agitation des esprits, du trouble, de la confusion qui régnoient alors, pour dénaturer les principes fondamentaux de notre Gouvernement.

____

(a) *Lex sit consensu populi & autoritate regia.* Phrase extraite d'un Capitulaire fort long, qui a un tout autre objet que d'établir une Loi fondamentale. Voyez les *Vrais Principes du Gouvernement François*, tom. II, pag. 73, où ce Capitulaire est transcrit.

Quoi! la Nation auroit des représentans qu'elle n'auroit pas choisis! Le Monarque, en conférant les Offices, éleveroit, dans le sein de la Monarchie, une double puissance; il rétracteroit par un Arrêt ce qu'il ordonneroit par une Loi! Depuis l'introduction de cette fatale vénalité, source empoisonnée de tous les désordres, le Souverain & la Nation se seroient assujettis à avoir pour représentans inamovibles les acquéreurs d'une finance, distincte il est vrai du titre de l'Office & de la puissance publique qui y est attachée, mais que l'intérêt personnel n'est que trop disposé à identifier avec les fonctions & les prérogatives d'Offices acquis à prix d'argent; ainsi que nos ayeux identifierent la propriété des Fiefs avec les fonctions publiques, dont ils étoient la récompense?

Non, ces chimériques prétentions, cette Ligue ambitieuse, n'entreront jamais dans le cœur des Magistrats François.

Des Assemblées Nationales ou Etats-Généraux.

Les progrès du despotisme de fait, rencontrent une barriere plus insurmontable dans ces Assemblées nationales que notre auguste Monarque rappelle en ce moment, après une interruption de cent soixante-quinze ans.

Pour traiter cette matiere avec la précision qu'elle exige, & dissiper les prestiges par lesquels on essaye d'en imposer à la multitude, je considérerai ces Assemblées sous quatre points de vue.

1°. Dans leur forme, leur composition, le nombre des Députés de chaque Ordre de la Nation qui y doivent être appellés ; trois objets qui tendent à assurer la certitude du vœu universel.

2°. Relativement à la nécessité de fixer l'étendue, la durée, la répartition des contributions aux dépenses de la Société.

3°. Dans l'éveil qu'elles donnent au Monarque sur les surprises faites à sa sagesse, & l'abus que les dépositaires de son autorité ont pu faire des pouvoirs qu'il leur a confiés.

4°. Enfin, relativement à cette prétendue puissance législative qu'on s'efforce de leur attribuer.

PREMIÈRE PARTIE.

La Monarchie étant l'image du Gouvernement paternel, les Assemblées nationales sont, s'il est permis de parler ainsi, comme indigènes à cette constitution. Est-il en effet rien de plus naturel, que le Chef, le Patriarche d'une famille nombreuse se plaise à rassembler autour de lui ses enfans pour les consulter sur leurs communs intérêts, qui sont les siens, pour s'instruire des abus que les chefs des différentes branches peuvent commettre, abus qui pesent tous sur le foible opprimé par l'homme puissant ?

» Quel est (dit le vieillard Ægyptus, dans le second
» Chant de l'Odyssée), l'homme juste qui nous
» assemble ? Cet homme est digne que nous venions
» à son aide.

La voix sonore des Hérauts suffisoit pour réunir
& maintenir l'ordre dans une assemblée aussi peu
nombreuse que celle du Peuple d'Ithaque.

Telles furent, au rapport de Tacite, chez les
Francs nos ancêtres, ces Assemblées des diverses
Peuplades de la Nation Germaine ; tels, sous la premiere dynastie de nos Rois, les Champs de Mars
& de Mai ; & même, sous le vaste Empire de Charlemagne, ces Conciles, ces Placités, ces Parlemens,
d'où sortirent les Capitulaires, qui sont encore l'une
des sources de notre Droit Public ; car la multitude
des Serfs rendoit faciles les députations des deux
seuls Ordres qui composoient alors la Nation.

La forme des délibérations étoit aussi simple ;
au moins dans les premiers temps ; que leurs objets.
Le Monarque proposoit ; le silence ou le murmure
manifestoient l'improbation de l'Assemblée ; le cli-
quetis des armes, son applaudissement. *Si displicuit
sententia fremitu aspernatur ; sin placuerit, frameas
concutiunt.* Tacit. de Mor. Germ.

Il n'en fut pas ainsi chez des Peuples plus policés,
plus légers, plus corrompus. Athènes assembloit
tous ses Citoyens dans la place publique ; mais malgré l'orgueil qu'inspiroit à ce Peuple sa prétendue
liberté politique, malgré la sagesse des Loix de Solon,
combien

combien de fois fut-il égaré par ſes Orateurs ! de combien de généreux Citoyens le priva ſon deſpotique Oſtraciſme !

Rome, dès ſa naiſſance, employa l'art pour maintenir l'équilibre tant de fois rompu entre le Sénat & le Peuple. La forme de ſes Aſſemblées, par Tribus, par Curies, par Centuries, donnoit alternativement la prépondérance aux Patriciens & aux Plébéiens.

Sous la troiſieme dynaſtie de nos Rois, les ſucceſſeurs de Hugues-Capet ayant affoibli le Gouvernement féodal, par l'affranchiſſement des Serfs & l'établiſſement des Communes, Philippe-le-Bel aſſemble, dans la cour de ſon Palais à Paris, des Evêques, des Nobles, & *les Députés des bonnes Villes*. Il expoſe la néceſſité preſſante de la guerre de Flandres. *En ce lieu*, dit Paſquier, *on lui offrit corps & biens.*

Les autres tenues d'Etats-Généraux ne furent pas ſi paiſibles. Une ſeule a concilié à Charles VIII l'amour de la Nation, celle de 1483.

On diſpute aujourd'hui ſur la forme de la convocation, ſur la compoſition, ſur le nombre des Députés de chaque Ordre qu'il eſt raiſonnable d'appeller à l'Aſſemblée que notre auguſte Monarque a promiſe à la Nation, ſur la maniere de délibérer ou par Ordres, ou par têtes.

La forme de convocation par Bailliages & Sénéchauſſées, eſt préférable, dit-on, parce qu'elle eſt

B

légale, c'est-à-dire ancienne, & que les Députés sont nommés en présence d'Officiers *indépendans par leur état.* — Et de qui, s'il vous plaît ? — Des Cours qui les mandent, qui les admonestent, qui les décretent au nom & en vertu de l'autorité qu'elles ont reçue du Roi ? — Du Monarque ? comme s'il existoit, dans aucun Gouvernement, une autorité indépendante du Souverain !

Un seul mot sembleroit devoir terminer ces querelles : *Que le salut de l'Etat soit la suprême Loi ; que l'Assemblée nationale soit pleinement libre ; &* pour y parvenir, que la Nation entiere soit entendue par les représentans qu'elle se sera choisis ; que nulle portion n'ait de prépondérance sur les autres ; car du seul choc de tous les intérêts respectifs avec des moyens égaux, peut résulter la résolution la plus conforme à l'intérêt commun.

Seconde Partie.

S'il est un moment dans lequel une grande Société puisse subsister sans objets de dépenses communes, soit pour repousser les ennemis du dehors, soit pour maintenir la police intérieure, pour soutenir la dignité de son Chef, qui est la sienne, ou pour récompenser d'importans services, ou soulager les indigens ; car les Membres d'une grande Société sont un peuple de freres ; s'il est, disons-nous, une Société où ces Charges publiques ne soient pas per-

pétuelles, les impôts, c'est-à-dire les contributions
aux dépenses communes, ne pourroient l'être sans
donner atteinte aux propriétés ; car le besoin est la
seule regle, le seul titre qui légitime les impôts.

Mais si une telle Société n'existe nulle part, &
que vous ayez à vous décider entre des contributions ordinaires, sagement réparties, sagement éco-
nomisées, qui vous mettent à portée de subvenir
aux dépenses imprévues sans nouvelle charge pour
l'Etat, ou des contributions momentanées qui se
renouvelleroient sans cesse ; pour juger du mérite de
ces deux systêmes, je vous proposerai de jetter les
yeux sur deux familles administrées par des principes si différens : vous verrez l'une, avec des
moyens plus foibles, s'accroître par la seule puissance de l'ordre ; obligée quelquefois de subvenir,
par des emprunts momentanés, à des besoins momentanés ; mais s'empressant d'éteindre, à l'aide
du travail & de l'économie, la charge pesante de
ces emprunts ; tandis que l'autre, d'abord plus opu-
lente, mais épuisée par de perpétuelles secousses,
tombera enfin dans l'anéantissement.

Ce tableau me paroît devoir décider la question
tant de fois agitée, s'il est utile, s'il est nécessaire
qu'il existe, dans un grand Etat, des impôts perpé-
tuels, ou si tous les subsides doivent être déterminés
pour la somme, pour le temps & pour leur durée ;
à moins que vous souteniez, avec le fougueux Auteur de l'un des Ecrits que je discute, que la Nation

assemblée doit se garder de combler le *déficit actuel*, parce que ce *déficit*, par la fermentation qu'il maintient dans les esprits, est, dit-on, *le trésor de la liberté.*

Ce que le Monarque exigeroit en vertu de cette autorité qui le constitue le représentant de la chose publique, dans toutes les parties de l'administration, pourquoi ne l'obtiendroit-il pas de l'affection de ses Sujets, ou, pour parler plus juste, de l'obligation qui leur est imposée par la Nature, de contribuer aux dépenses communes de la Société ? à la charge toutefois que ce principe fondamental, *le salut de l'Etat est la suprême Loi*, rappelle le Monarque à l'exercice de cette autorité destinée à maintenir l'équilibre dans toutes les parties de l'administration politique, si une fermentation passagere transformoit les Assemblées nationales en factions subdivisées à l'infini, si les intérêts privés qui, suivant l'observation du Cardinal de Retz, dominent toujours dans les grandes agitations des Empires, quoique chacun les voile du prétexte du bien public, venoient à produire un engorgement funeste ; danger trop manifeste dans le cas où deux Ordres affranchis, par des titres anciens, d'une portion considérable des charges publiques, maintenus longtemps par ceux mêmes qui étoient chargés de réprimer ces abus, dans la possession d'alléger celles de ces charges qui leur sont communes avec les autres Citoyens, avoient une prépondérance marquée dans les Assemblées nationales.

« Vaines terreurs, nous dit-on ; l'Ordonnance de 1355, rendue sur le vœu des États-Généraux de cette année, porte en termes exprès, que le vœu de deux Ordres ne lie pas le troisieme.

Que résulteroit-il de cette Loi, si les États-Généraux avoient le pouvoir législatif ? L'égalité des forces contraires, & par conséquent l'anarchie.

L'article 295 de l'Ordonnance d'Orléans, de 1560, est conçu en ces termes :

« En toutes Assemblées d'États-Généraux & par- » ticuliers des Provinces, où se fera octroi de de- » niers, les trois États s'accorderont de la quote- » part que chacun desdits États portera, & ne le » pourront le Clergé & la Noblesse seuls, comme » le faisant la plus grande partie ».

Mais s'ils ne s'accordent pas, que s'en suivra-il ? Que les contributions ne seront ni réparties ni payées ; que la dette nationale & les charges pu- bliques ne pourront être acquittées.

On connoît mieux les facultés & les besoins de sa ville, de sa famille, que celles des autres Sociétés ; le propriétaire veille plus sûrement sur les produits du domaine qu'il habite, que sur ceux dont il se tient éloigné.

Pourquoi le Monarque ne confieroit-il pas à la Nation subdivisée la répartition proportionnelle de l'impôt, & le soin de veiller sur les Administrateurs particuliers, & d'employer les revenus locaux à des dépenses locales ? les frais seroient moindres, la vigilance plus assurée.

Le vœu de la Nation a été, dans tous les temps, que le produit des immenses Domaines de la Couronne fût employé à fournir aux dépenses qu'exige la splendeur du Trône. Mais les abus se sont multipliés à un tel point, que des engagemens révocables à perpétuité, suivant l'Ordonnance du mois de Janvier 1566, mais jamais révoqués, se sont transformés en propriétés acquises au prix le plus modique.

C'est à la Nation qu'il convient d'exprimer son vœu pour la réformation de ces abus, & d'aviser aux moyens de rendre le produit des Domaines de la Couronne suffisant pour supporter la charge qui lui est imposée.

Que l'exemple de nos voisins nous éclaire sur les dangers de cette *Liste royale*, qui dénature le véritable intérêt du Monarque, en présentant un appas dangereux à une séduction qui n'est susceptible d'aucunes bornes, & dont la charge retombe infailliblement sur le Peuple.

Laissons les récompenses & les peines entre les mains du Souverain, si nous ne voulons rendre inutile ce régulateur destiné à maintenir l'harmonie dans toutes les parties du Gouvernement.

Généreuse Noblesse, qui prodiguez votre sang pour la Patrie, qu'un exemple unique dans une

durée de treize siecles, où ces Loix, supérieures à
tous les établissemens humains, vous faisoient un
devoir de la désobéissance, ne vous distraye pas de
cette inviolable fidélité, de cette soumission affran-
chie de tout esprit de système, si nécessaire dans
ceux qui portent le glaive!

TROISIEME PARTIE.

Comme nous sommes, dit Pasquier, *dans un État
où, par la facilité de nos Rois, les choses viennent
aisément à l'essort*, le plus grand avantage que l'ordre
public puisse retirer des Assemblées nationales, est
l'éveil qu'elles donnent au Monarque sur des abus
invétérés qu'une possession vicieuse semble légitimer.
Quand les doléances privées manquent de force
pour parvenir aux pieds du Trône, lorsque les remontrances des Cours, quoique destituées de tout
esprit de parti, de tout intérêt personnel, demeurent
sans effet, la voix de la Nation entiere, les cris
des victimes de ces désordres ne seront-ils pas en-
tendus?

Que la Nation dénonce au Monarque l'abus qu'on
a fait de sa confiance, les malversations commises
sous son nom; qu'elle en sollicite, auprès du Monarque, l'éclatante punition; mais à Dieu ne plaise
qu'un prêt fait à l'État fascine les yeux des Magistrats, jusqu'à leur ériger, contre l'ordre du Monarque dont ils tiennent leurs pouvoirs, un Tribunal

auquel ils appelleroient la Nation elle-même, pour
discuter les ordres émanés du Trône, dont les dépositaires de l'autorité auroient été les exécuteurs !

Vous essayez de soustraire à la Police cet Art si
utile, mais en même tems si dangereux, qui fixe la
parole & lui donne des ailes, vous bornant à sou-
mettre les Auteurs aux poursuites judiciaires, s'ils ne
parviennent à vous échapper; ce qui arrivera souvent.

Supposons qu'à chaque Libelle scandaleux, auquel
une telle liberté aura donné naissance, la Patrie, la
Religion, les mœurs, doivent trouver une main
habile, qui applique à l'instant un topique sa-
lutaire, sur un venin devenu si actif, depuis la dé-
couverte de l'impression; est-ce par des Arrêts que
vous guérirez l'incurable blessure que l'arme de la
calomnie ou du ridicule auront faite à des Citoyens
vertueux ?

Admettons toutes les suppositions; ainsi de toutes parts, le pouvoir de juger, *si terrible parmi les
hommes,* suivant l'expression de M. de Montesquieu(a),
se trouveroit réuni à la puissance législative. Ce ne
seroit plus la Magistrature, mais les Magistrats qu'on
craindroit. Qui oseroit hazarder une seule phrase,
contraire aux prétentions d'une puissance si formi-
dable ?

Considérez à quoi vous réduiriez, dans ce sys-

____

(a) Esprit des Loix, livre 11, ch. 6.

tême, l'autorité du Monarque, contrepoids nécessaire des pouvoirs intermédiaires, *subordonnés & dépendants*, qui sont de l'essence du Gouvernement Monarchique.

La puissance législative lui seroit contestée par les Officiers, par les Mandataires, qui s'efforceroient de la partager, non en remontrant respectueusement avant de publier les Loix ; mais en s'attribuant le droit de leur donner *une sanction* (a) nécessaire ; en sorte que le Monarque ne pourroit exercer cette portion essentielle de son autorité, sans l'attache des Magistrats, & qu'ils pourroient, sans lui, faire des reglemens provisoires, qui auroient leur exécution jusqu'à ce qu'il intervînt une Loi contraire, duement enregistrée.

La puissance de juger, vous ne permettrez pas que le Monarque l'exerce par lui-même.

La puissance exécutrice que vous semblez lui laisser, vous la limitez à un tel point que les exécuteurs de ses ordres seroient, malgré lui, respon-

---

(a) On abuse étrangement de ce mot, dans quelques écrits modernes, en l'appliquant aux enregistremens de nos Cours, forme extrinsèque, qui consiste dans le dépôt de la Loi, dans les Archives publiques & dans sa promulgation ; lui sanction au contraire est intrinsèque ; c'est la peine dont le Légissateur menace les infracteurs de la Loi, *Legum eas partes quibus pœnas constituimus, adversus eos qui contra leges fecerint, SANCTIONES vocamus.* Inst. §. 10. de rer. div.

fables de leur foumiffion, devant des Tribunaux qui
tiennent de lui leur exiftence.

Quels avantages cette autorité, la fauve-garde
du bien public, retireroit-elle des éternelles pro-
teftations de refpect & de foumiffion envers la per-
fonne du Monarque, & la puiffance Royale, fans
ceffe attaquée dans fes Miniftres néceffaires, comme nous voyons dans nos Tribunaux les Défen-
feurs des Parties déclamer contre les gens d'affaires
des Seigneurs qu'ils femblent refpecter !

QUATRIÈME PARTIE.

Le vœu de la Nation ajoute à l'autorité des Loix.
Il leur imprime une telle ftabilité, que le Monarque qui entreprendroit de les révoquer, fans le
concours des Affemblées nationales, rifqueroit de
fe voir repouffé par l'opinion publique, cette Reine
du Monde.

Mais la puiffance légiflative peut-elle réfider par
elle-même dans l'Affemblée des repréfentans d'un
Peuple immenfe ?

Je me bornerai à une feule obfervation.

Les Députés dont l'Affemblée nationale eft com-
pofée, font les Mandataires des différents Ordres de
l'Etat. S'ils ne fe conforment pas à leurs inftructions,
ils ufurpent fur la Nation un pouvoir tyrannique.

Ces inftructions doivent préfenter de refpec-
tueufes doléances, l'expofé des abus dont les man-

dans) ressentent les funestes effets, des projets de réforme, en rappellant les anciennes Loix, & en proposant de nouvelles.

Mais qui réunira ces projets ? qui les comparera avec la situation des Provinces, avec des priviléges respectables par leur antiquité, par les titres qui les ont affermis ? Qui les tempérera par de justes indemnités, pour se fixer à une résolution conforme au plus grand avantage de tous ?

Si les Députés entreprennent ce travail, ils excédent leurs pouvoirs. S'ils sont obligés de recourir à chaque pas à leurs commettans, vous prolongez à l'infini la durée des Assemblées nationales, non sans les plus grands inconvéniens pour la chose publique.

Supposerez-vous que les instructions auront donné ce pouvoir aux Députés ? Alors, comme l'observe M. de Montesquieu, (a) ce n'est plus que fictivement que *la parole des Députés est celle de la Nation* : chaque Citoyen est seulement censé vouloir ce que veulent ses représentans. Ce n'étoit pas la peine d'employer tant de ressorts, pour me procurer une telle liberté, qui transformeroit la Monarchie en une Aristocratie, ou plutôt en une Oligarchie d'autant plus dangereuse, que, dans ce Gouvernement, tous les intérêts particuliers pèse-

___

(a) Esprit des Loix, L. 11. ch. 6.

roient infailliblement fur ce Peuple qui vivifie l'Etat
par fon travail & fon induſtrie.

Ce n'eſt pas tout ; il faut dans tous les cas, que
fur ce vœu de la Nation, il intervienne une Loi ;
car les cahiers des Etats n'ont pas cette forme ; Loi
foumife à l'enregiſtrement des Cours, & alors remontrances, proteſtations, fi les opinions des Tribunaux ne fe trouvoient pas conformes au vœu des
repréſentans de la Nation ; à moins que le Monarq
que ne fît ceſſer ces débats par fon autorité ; ce
qui, felon vous, ſeroit un defpotiſme.

C'eſt ainſi, comme l'obferve Boſſuet (a), que cou-
rant à la liberté, ils alloient à la fervitude ; car ces
exemples font fréquents dans tout Gouvernement
ariſtocratique.

Lorſque le Souverain Légiſlateur a voulu que
l'autorité de fon Eglife l'emportât fur celle de fes
Miniſtres, quels qu'ils fuſſent, il a promis à leur
réunion l'infaillibilité, pour la confervation de vérités
inacceſſibles à la raifon humaine. Auſſi, fur tout
autre objet que la tradition Apoſtolique, quels
combats, quels jeux des paſſions humaines n'ont
pas excité ces mêmes Conciles Généraux, dont
l'autorité eſt divine en matière de foi !

Voilà l'exemple qu'on ofe nous propofer.

Comparez maintenant nos Loix & nos ufages.

Le Monarque, le Pere de famille, raſſemble au-

(a) Oraifon funebre de la Reine d'Angleterre.

tour de lui les enfans, pour écouter leurs plaintes, leurs doléances, par l'organe de ceux qui les représentent; ces Députés ne se permettent d'excéder en rien les pouvoirs qui leur ont été donnés par la Nation entière. C'est ainsi que le Monarque est éclairé sur les désordres introduits par le tems qui corrompt tout, sur l'abus que l'on a pu faire de son autorité, sur les remedes les plus efficaces pour guérir ces plaies, & revivifier son Peuple : il examine ces projets avec impartialité, les compare, les combine; en cet état la Loi rédigée dans son Conseil est envoyée aux Cours, pour réunir tous les faisceaux de lumiere; non pour éprouver une résistance qu'il ne puisse vaincre.

Ainsi se sont formées ces Ordonnances rendues sur le vœu des Etats-Généraux, qui ont acquis, par l'applaudissement de la Nation, l'autorité de Loix fondamentales, jusqu'à ce que l'expérience, la révolution des siecles, les abus nés de l'ordre même, déterminent la Nation à en solliciter la réformation dans quelques articles.

Aussi tous les procès-verbaux de nos Etats Généraux ne parlent-ils que de plaintes, de doléances, de très-humbles supplications (a) : ce sont les expressions de l'Université de Paris, chargée de présenter à Charles VI les cahiers des Etats de 1493 ; ce

______

(a) Vrais Principes du Gouvernement François, tom. 2, §. 10, pag. 258 & suiv.

font celles des Députés aux Etats de 1614; toutes les autres tenues d'Etats font conformes.

Mais que fert de citer à des Ecrivains qui fe permettent de fouftraire des textes les plus clairs, ce qui réfifte à leurs fyftêmes? S'ils nous oppofent cette propofition du Philofophe de Genève, que *la volonté générale eft toujours droite* ; ils oublient cette modification répetée fi fouvent dans le Contrat Social, *lorfque la volonté générale ftatue fur un objet général,* parce qu'il en réfulte, d'après un Auteur fi favorable au fyftême Républicain, l'impoffibilité que le Peuple fe donne des Loix pofitives à lui-même. S'ils difent avec M. de Montefquieu, que les pouvoirs intermédiaires conftituent la diftinction du Defpotifme & de la Monarchie; ils omettent ces mots effentiels, *fubordonnés & dépendants.* S'ils rappellent les Capitulaire de nos Rois de la deuxieme race, pour nous montrer, dans les Affemblées nationales rétablies par Charlemagne, le Clergé & les Nobles délibérant fur les intérêts de l'Etat, ils ne fuivent point Hincmar (a), Archevêque de Reims, l'ami, le Miniftre, le confident de Charlemagne, lorfqu'il nous repréfente ce Monarque examinant dans fon Palais les cahiers qui ont été mis fous fes yeux, interrogeant les Députés de la Nation, fe faifant rendre compte des motifs des délibérations, exigeant

____

(a) Lettre d'Hincmar, *de Ordine Palatii*, n. 34. dans le recueil des Hiftoriens des Gaules, tome 9, page 269.

qu'ils foient rapportés dans fon Confeil, ordonnant enfin ce que fa fageffe lui infpire ; & tous obéiffant à la Loi qu'il a promulguée.

Donec res fingulæ ad effectum productæ gloriofi principis auditui, in facris ejus obtutibus exponerentur, & QUIDQUID DATA A DEO SAPIENTIA EJUS ELIGERET OMNES SEQUERENTUR ; » ce qui fe pratiquoit indiftinctement pour tous » les Capitulaires : *Eece ficut de uno, ita de duobus, vel quotquot effent capitula, agebatur, quoufque omnia, Deo miferante, illius temporis neceffaria expolirentur.*

O mes Concitoyens, fermez l'oreille à ces clameurs, par lefquelles d'audacieux Ecrivains effaient de vous infpirer des agitations femblables à celles d'un malade, toujours difpofé à changer de place, fans favoir fi celle qu'il choifira eft préférable à celle qu'il quitte.

Je termine, Monfieur, avec l'Auteur de l'Efprit des Loix :

» Si je pouvois faire en forte que tout le mon-
» de eût de nouvelles raifons pour aimer fon
» Prince, fa Patrie, fes Loix ; qu'on pût mieux
» fentir fon bonheur dans chaque pays, dans cha-
» que Gouvernement, dans chaque pofte où l'on
» fe trouve, je me croirois le plus heureux des
» mortels ». *Préface de l'Efprit des Loix.*

Je fuis, &c.

www.ingramcontent.com/pod-product-compliance
Lightning Source LLC
LaVergne TN
LVHW050322030726
842520LV00005B/1728